BEI GRIN MACHT SICH IHR WISSEN BEZAHLT

- Wir veröffentlichen Ihre Hausarbeit, Bachelor- und Masterarbeit

- Ihr eigenes eBook und Buch - weltweit in allen wichtigen Shops

- Verdienen Sie an jedem Verkauf

Jetzt bei www.GRIN.com hochladen
und kostenlos publizieren

Caroline Schließmann

Manuel Castells 'Der Aufstieg der Netzwerkgesellschaft'

Aus der Triologie 'Das Informationszeitalter'

GRIN Verlag

Bibliografische Information der Deutschen Nationalbibliothek:

Die Deutsche Bibliothek verzeichnet diese Publikation in der Deutschen National-
bibliografie; detaillierte bibliografische Daten sind im Internet über http://dnb.d-
nb.de/ abrufbar.

Impressum:

Copyright © 2009 GRIN Verlag GmbH
Druck und Bindung: Books on Demand GmbH, Norderstedt Germany
ISBN: 978-3-640-36724-5

Dieses Buch bei GRIN:

http://www.grin.com/de/e-book/130341/manuel-castells-der-aufstieg-der-netzwerk-
gesellschaft

GRIN - Your knowledge has value

Der GRIN Verlag publiziert seit 1998 wissenschaftliche Arbeiten von Studenten, Hochschullehrern und anderen Akademikern als eBook und gedrucktes Buch. Die Verlagswebsite www.grin.com ist die ideale Plattform zur Veröffentlichung von Hausarbeiten, Abschlussarbeiten, wissenschaftlichen Aufsätzen, Dissertationen und Fachbüchern.

Besuchen Sie uns im Internet:

http://www.grin.com/

http://www.facebook.com/grincom

http://www.twitter.com/grin_com

Universität Hildesheim

HS: Medienkultur/ Mediengesellschaft – Aktuelle Theorien und Konzepte

WS 08/09, 8. Semester, SK

MANUEL CASTELLS

"DER AUFSTIEG DER

NETZWERKGESELLSCHAFT"

von

Caroline Schließmann

Gliederung

1   Einleitung: Manuel Castells und seine Trilogie "Das Informationszeitalter"

Manuel Castells, 1942 in Helen/ Spanien geboren, war bereits mit 24 jüngster Professor an der Universität zu Paris „Nanterre-Campus" und wurde 1979 Professor für Soziologie und Städte- und Regionalplanung an der University of California/ Berkeley[1]. Im Laufe seiner wissenschaftlichen Tätigkeit unterrichtete er in Zentral- und Südamerika, Singapur, Japan, Taiwan,   Korea,   SU,   China,   Afrika,   Ost-   und   Westeuropa[2]. In den 70er Jahren spielte Castells eine zentrale Rolle bei der Entwicklung der marxistischen Stadtsoziologie, sein Augenmerk lag dabei auf den sozialen Auseinandersetzungen zwischen unterschiedlichen gesellschaftlichen Gruppen in modernen Städten. Er unterstrich die Rolle der sozialen Bewegungen bei der umkämpften Umgestaltung urbaner Landschaften und prägte dabei den Begriff des kollektiven Konsums, um soziale Konflikte zu beschreiben, die durch staatliche Interventionen von der ökonomischen in die politische Domäne verlagert worden waren.

Seit den 80er Jahren jedoch verschob sich sein Hauptinteresse, er widmete sich Fragen nach dem Raum und sozialen Beziehungen nun auf generellere Weise. Castells beschäftigte sich zunehmend mit dem Einfluss neuer Technologien auf die ökonomische Restrukturierung der modernen Gesellschaft.

Im Zentrum seiner Forschung standen fortan mehr und mehr die globale Netzwerk- und Informationsgesellschaft und der Ort, den die modernen Menschen darin noch für sich entdecken können[3].

„Die Strukturen, die die Menschen gleichsam hinter deren Rücken oft unbemerkt in ihren kulturellen Überzeugungen lenken, hat Castells dabei nie aus dem Blick verloren, sondern eher versucht, Strukturen und Kulturen, objektive Entwicklungen und subjektive Reaktionen aufeinander zu beziehen."[4]

"Der Aufstieg der Netzwerkgesellschaft" ist der erste Band der Trilogie
"Das Informationszeitalter", in der Castells seine bisherigen Arbeitsstränge zu einer groß angelegten Studie verbindet.

---

[1] Vgl. Nollmann, Gerd: Maunuel Castells: Kultur, Technologie und Informationsgesellschaft, in: Kultur: Theorien der Gegenwart, hg. von Stefan Moebius, Dirk Quadflieg,Wiesbaden: Verlag für Sozialwissenschaften, 2006, S.481.
[2] Vgl. UOC Library and Fundación Telefónica: Manuel Castells: Curriculum vitae, Online-Publikation, http://www.manuelcastells.info/en/cv_index.htm, Stand 23.03.2009.
[3] Vgl.Nollmann, Gerd: Maunuel Castells: Kultur, Technologie und Informationsgesellschaft, S. 481 f.
[4] Ebd. S. 481.

"Das Informationszeitalter" wurde erstmals zwischen 1996 und 1998 publiziert, die zweite Auflage erschien 2000 auf der Basis von kritischen Auseinandersetzungen und einer Vielzahl von Vorträgen und Diskussionen weltweit[5]. Die drei Bände bilden eine zusammenhängende Erklärung der ökologischen, gesellschaftlichen, individuellen und kulturellen Veränderungen, die im Zeitalter der Computerisierung auf der ganzen Welt auftreten.

Auf der Grundlage reichhaltigen empirischen Materials zeichnet Castells nach, analysiert und interpretiert die Entwicklungen unserer Welt von der Industriegesellschaft zur Informationsgesellschaft[6].

2 Das Netz und das Selbst

In seiner Trilogie vertritt Castells die Sichtweise, unsere Gesellschaften seien zunehmend durch die bipolare Opposition des "Netzes" und des "Selbst" charakterisiert. Das Netz steht hierbei stellvertretend für die gesamte neue Organisationsform, welche die traditionelle Hierarchie des Industriezeitalters ablöst. Unter dem Selbst versteht Castells die vielseitigen Praktiken, mit denen sich die Menschen ihrer Identität in einer Zeit rapiden Wandels zu vergewissern suchen[7].

Im Prolog des ersten Bandes seiner Trilogie "Das Netz und Ich" beschreibt Castells den Globalisierungsprozess, der seit Ende des zweiten Jahrtausends die soziale Landschaft verändert hat. Verschiedene historische Begebenheiten, wie z.B. der Untergang der internationalen kommunistischen Bewegung und die Europäische Einigung, haben diesen Prozess voranschreiten lassen.

Im Zuge dessen kommt es zu einer informationstechnologischen Revolution als einem Wechsel vom industriellen Kapitalismus zu einem informationellen Kapitalismus, der seinen Ursprung u.a. in den informationstechnologischen Entwicklungen der frühen 90er Jahre hat und in dem Ökonomien sich zunehmend verbinden.

Es entstehen Interdependenzen zwischen Wirtschaft, Staat und Gesellschaft, aus denen ein Wirtschaftswettbewerb auf globalen Finanzmärkten, sowie eine Umstrukturierung des Kapitalismus resultieren.

Diese Trends haben jedoch eine ungleiche Entwicklung zur Folge, denn nicht alle Teile der Welt entwickeln sich gleich bzw. haben die gleiche Ausgangsposition. Es kommt zu einer starken Bipolarisation, in der Individuen, Gruppen, Regionen oder Nationen je nach Gebrauch

---

[5] Vgl. ebd. S. 483/484

[6] Perlentaucher Medien GmbH: Rezensionsnotiz zu „Das Informationszeitalter" von Manuel Castells, 20.11.2001, Online-Publikation: http://www.perlentaucher.de/buch/8439.html, Stand 23.03.2009.

[7] Vgl.Nollmann, Gerd: Maunuel Castells: Kultur, Technologie und Informationsgesellschaft, S. 484.

von globalen Netzwerken an- bzw. abgeschaltet werden können. Die Suche nach der eigenen Identität – ob individuell oder kollektiv –, die Suche nach dem eigenen "Selbst" gewinnt so eine neue soziale Bedeutung, da Gesellschaften und Individuen versuchen, sich durch ihren kulturellen und historischen Hintergrund von diesen Netzwerken abzuzeichnen[8].

2.1 Die Informationstechnologische Revolution

„Weil die informationstechnologische Revolution den gesamten Bereich menschlicher Aktivität durchdringt, nehme ich sie zum Ausgangspunkt, um die Komplexität der entstehenden neuen Wirtschaft, Gesellschaft und Kultur zu analysieren."[9] (Castells)

Aus Sicht von Stephen J. Gould ist die Geschichte des Lebens eine Abfolge von stabilen Zuständen, die in seltenen Intervallen durch wesentliche Ereignisse unterbrochen wird. Diese verlaufen mit großer Geschwindigkeit und tragen dazu bei, die nächste Ära der Stabilität zu begründen.

Ausgangspunkt von Castells ist die Annahme, dass wir am Ende des 20. Jahrhunderts eines dieser seltenen historischen Intervalle durchlebt haben.

Dieses Intervall war bestimmt von der Transformation unserer "materiellen Kultur" durch die Auswirkungen eines neuen technologischen Paradigmas, das um die Informationstechnologien herum organisiert ist[10].

Die Entwicklung der Informations- und Kommunikationstechnologien begann während des Zweiten Weltkriegs – seit den 70er Jahren beschleunigt sich jene Entwicklung zunehmend. Dabei waren drei Technologien von zentraler Bedeutung: die Mikroelektronik, die darauf aufbauende Computertechnologie und die Kommunikationstechnologie.[11]

Castells versteht unter Technologie in unmittelbarem Anschluss an Harvey Brooks und David Bell den „Einsatz wissenschaftlicher Kenntnisse zur Bestimmung der Mittel und Wege, etwas auf wiederholbare Weise zu tun".[12]

Unter Informationstechnologien fasst er die Gruppe von Technologien in den Bereichen Mikroelektronik, Computer (Hardware und Software), Funk und Telekommunikation und elektronische Optik zusammen, versteht darunter aber zusätzlich auch die Gentechnik mit

---

[8] Castells Manuel: Der Aufstieg der Netzwerkgesellschaft, Teil I der Trilogie Das Informationszeitalter, Leske + Budrich, Opladen 2001, S. 1 f.
[9] Ebd. S.5.
[10] Vgl. ebd. S. 31.
[11] Stielke, M. Jan: Manuel Castells: Der Aufstieg der Netzwerkgesellschaft (Zusammenfassung), Online-Publikation, http://www.uni-kassel.de/fb6/srp/06lehrangebot/ws0506/Seminare/Zusammenfassung_Netzwerkgesellschaft.pdf, Stand 21.03.2009.
[12] Castells Manuel: Der Aufstieg der Netzwerkgesellschaft, S. 31/32.

ihren expandierenden Entwicklungen und Anwendungen. Denn die Gentechnik befasse sich, so Castells, mit der Entschlüsselung, Manipulation und der Reprogrammierung der in lebendiger Materie enthaltenen Informationscodes. Darüber hinaus scheinen, so Castells weiter, die Biologie, die Elektronik und die Information in ihren Anwendungen, in ihren Materialien und grundsätzlicher noch in ihrer konzeptionellen Herangehensweise sich einander anzunähern und zu interagieren[13].

2.2 Die neue Wirtschaftsform: vom materiellen zum informationellen Kapitalismus

Castells beobachtet in seiner Studie heutige Entwicklungen, indem er Strukturen und Wandlungen vergangener Revolutionen darstellt und daraus Rückschlüsse für derzeitige Veränderungen zieht. So nähert er sich dem Übergang vom industriellen Kapitalismus zum informationellen Kapitalismus zunächst durch die Beschreibung der im 20. Jahrhundert im Wesentlichen vorherrschenden Produktionsweisen: Kapitalismus und Etatismus[14].

Mit dem Untergang der Sowjetunion endet die Ära des Etatismus, aber auch der Kapitalismus westlicher Staaten unterliegt einer Neustrukturierung.

Denn die kapitalistische Produktion benutzte nun, so Castells, Information als wesentliches Produktionsmittel.[15]

„In der industriellen Entwicklungsweise besteht die wichtigste Quelle der Produktivität in der Einführung neuer Energiequellen und in der Fähigkeit, die Verwendung von Energie über den gesamten Produktions- und Zirkulationsprozess hinweg zu dezentralisieren. In der neuen informationellen Entwicklungsweise besteht die Quelle der Produktivität in der Technologie der Wissensproduktion, der Informationsverarbeitung und der symbolischen Kommunikation. Gewiss sind Wissen und Information in allen Entwicklungsweise entscheidende wichtige Elemente, weil der Produktionsprozess immer auf einem gewissen Wissensniveau und auf der Verarbeitung von Information beruht.

---

[13] Vgl. ebd. S. 32.
[14] Für Castells ist Produktion ein gesellschaftlich komplexer Prozess, indem eine Beziehung zwischen Arbeit und Materie entsteht. Der Arbeitsprozess beinhalte den Einsatz von Produktionsmitteln, um auf die Materie einzuwirken. Technologie sei die spezifische Form dieser Beziehung. Das Produkt des Produktionsprozesses werde gesellschaftlich in zwei Formen genutzt: Konsum und Überschuss, wobei der jeweils andere Umgang mit dem Überschuss den Unterschied zwischen Kapitalismus und Etatismus ausmache. Während es im Kapitalismus um die Profitmaximierung auf Seiten privater Unternehmen ginge und somit die Kontrolle der Produktions- und Zirkulationsmittel bei diesen liege, diene im Etatismus die Produktion von Überschuss der Machtmaximierung und Steigerung der politischen und ideologischen Fähigkeiten des politischen Apparates, die Kontrolle der Produktions- und Zirkulationsmittel sei folglich beim Staat.
[15] Vgl. ebd. S. 144 f.

6

Das Besondere an der informationellen Entwicklungsweise aber ist die Einwirkung des Wissens auf das Wissen selbst als der Hauptquelle der Produktivität. (...)Die Informationsverarbeitung konzentriert sich auf die Verbesserung der Technologie der Informationsverarbeitung als Quelle der Produktivität (...)"[16]

Wissen wird folglich dazu angewendet, informationsverarbeitende Technologien zu entwickeln, die wiederum Wissen produzieren.

Wissen allein sei allerdings nicht die Grundlage von Produktivität, so Castells, vielmehr basiere Produktivität heute auf den informationsverarbeitenden Technologien, diese produzieren Wissen ausschließlich, um bestehende Technologien zu verbessern. Er spricht in diesem Zusammenhang von einer zirkulären Anwendung von Wissen[17].

Castells nimmt die informationstechnologische Revolution zwar zum Ausgangspunk seiner analytischen Überlegungen, weil sie, wie er sagt, alle menschlichen Aktivitäten durchdringt. Jedoch spricht er nicht von einer Determination der Gesellschaft durch die Technologien. Es entständen keine neuen Gesellschaften durch die Technologien, vielmehr brächten Gesellschaften Technologien hervor, wandten diese an, modifizierten sie und veränderten sie durch deren Anwendung[18]. Dabei übernähme der kulturelle Hintergrund, vor dem die Informationstechnologien zum Einsatz kämen, auch die Funktion der sozialen Kontrolle darüber[19].

Der Kapitalismus in seiner Form bleibt demnach bestehen, wandelt sich jedoch vom materiellen zum informationellen Kapitalismus[20]. Für diese Umstrukturierung lassen sich nach Castells zwei markante Ursachen ausmache: zum einen ist das bisherige Marktsystem, basierend auf der Regulation des Marktes durch Angebot und Nachfrage, ausgeschöpft.

Die Verschiedenartigkeit der weltweiten Märkte machen diese schwer kontrollierbar, das Tempo des technologischen Wandels lässt Massenproduktion zu steif und kostspielig werden. Der Markt muss vielmehr auf globale Impulse reagieren, was nur geschehen kann, indem sich Unternehmen mit einander verbinden und so überall ihre "Fühler" haben[21].

---

[16] Ebd. S. 17/18
[17] Vgl. ebd. S. 13-18.
[18] Vgl. ebd. S.5.
[19] Vgl. ebd. S. 13-18.
[20] Vgl. ebd. S. 19.
[21] Vgl. ebd. S 173-176.

2.2.1 Der Netzwerkbegriff in Castells "Der Aufstieg der Netzwerkgesellschaft"

In Folge der geschilderten Veränderungen werden auf der Welt Netzwerke zwischen einzelnen Unternehmen gebildet, um ein innovatives und flexibles Produktionssystem zu schaffen.

Den Begriff „Netzwerk" definiert Castells im ersten Band seiner Trilogie wie folgt:

„Ein Netzwerk besteht aus mehreren untereinander verbundenen Knoten. Ein Knoten ist ein Punkt, an dem eine Kurve sich mit sich selbst schneidet. Die von Netzwerken definierte Topologie bringt es mit sich, dass die Distanz zwischen zwei Knoten geringer ist, wenn beide Knoten in einen Netzwerk sind, als wenn sie nicht zum selben Netzwerk gehören. Anderseits haben Ströme innerhalb eines gegebenen Netzwerkes keine Distanz, oder dieselbe Distanz, zwischen den Knoten. Netzwerke sind offene Strukturen und in der Lage, grenzenlos zu expandieren und dabei neue Knoten zu integrieren, solange diese innerhalb des Netzwerks zu kommunizieren vermögen, also solange sie dieselben Kommunikationscodes besitzen, etwa Werte oder Leistungsziele."[22]

2.2.2 Die Netzwerkökonomie: Das Unternehmen Cisco

Im Netzwerk gibt es Castells zu Folge eine spezifische Netzwerkökonomie, die dadurch charakterisiert ist, dass man selbst (fast) gar nichts produziert, sondern nur global, regional und lokal unter dem Dach des Produktnamens koordiniert.

Es kommt zu einer Vernetzung der Netzwerke, die Castells beispielhaft am Unternehmen Cisco erklärt:

Cisco ist ein allgemein bekanntes Unternehmen in der Internetbranche mit Sitz in San Jose/ Kalifornien, das Switcher und Router liefert, um Daten durch Kommunikationsnetzwerke zu schicken. Zurzeit von Castells Analyse war die Firma führender Lieferant für Internet-Backbone-Ausrüstungen.

Laut seiner Selbstdarstellung beruht das Unternehmensmodell von Cisco auf drei zentralen Annahmen[23]:

„Die Beziehungen, die ein Unternehmen mit seinen wichtigsten Partnergruppen unterhält, können im Wettbewerb einen ebenso entscheidenden Unterschied ausmachen, wie seine

---

[22] Ebd. S.528.
[23] Vgl. ebd. S 191.

wichtigsten Produkte oder Dienstleistungen; die Art und Weise, in der ein Unternehmen Informationen und Systeme weitergibt, ist ein entscheidendes Moment für die Stärke ihrer Beziehungen; Beziehungen zu haben, ist nicht mehr ausreichend: Die Geschäftsbeziehungen und die Kommunikationen, die sie absichern, müssen sich in einem „vernetzten" Geflecht befinden. Das globale vernetze Geschäftsmodell öffnet die informationelle Infrastruktur des Konzerns für alle wichtigen Partnergruppen und verleiht so dem Netzwerk einen entscheidenden Vorteil im Wettbewerb."[24]

Der außergewöhnliche Erfolg des Unternehmens beruhte teilweise auf der Gunst der Stunde, denn Cisco lieferte Installationsmaterial für das Internet genau zu dem Zeitpunkt, als sich dieses explosionsartig ausweitete.

Aber auch andere Unternehmen waren im Rennen, hinter manchen standen große Konzerne; andere, kleinere, waren Cisco hinsichtlich technologischer Innovationen klar voraus.

Man geht davon aus, dass das von Cisco entwickelte Unternehmensmodell für seinen Erfolg verantwortlich ist.

Dieser beruht darauf, dass Cisco, als es genug Geld hatte, hektisch innovative Neugründungen aufkaufte, um sich zusätzlich zu den eigenen Ressourcen deren Talente und Technologie einzuverleiben.

Darüber hinaus organisierte das Unternehmen all seine Beziehungen – zu Kunden, Zulieferern, Partnern und Angestellten – im Internet und um das Internet herum und automatisierte zusätzlich einen Großteil dieser Interaktionen. Durch den Aufbau eines Online-Netzwerkes war man bald in der Lage, die eigene Fertigung auf das Allernötigste zu beschränken: so waren 1999 nur zwei der dreißig Produktionsstätten, in denen Cisco-Geräte hergestellt wurden, in Unternehmensbesitz.

Auf der Website von Cisco finden Kunden verschiedenste Optionen, mit denen sie ihren Auftrag spezifizieren können. Sobald das geschehen ist, wird dieser automatisch an das Zulieferer-Netzwerk übertragen, die Hersteller versenden ihre Produkte unmittelbar an die Kunden.

Cisco kassiert nur und zwar für F&E, Technologie, Design, Konstruktion, Information, technische Unterstützung und Geschäftssinn beim Aufbau eines zuverlässigen Netzwerkes von Zulieferern und bei der Vermarktung an die Kunden.

---

[24] Ebd.

Basierend auf diesem Netzwerk-Prinzip ist Cisco zwar nach dem Marktwert 2000 das weltweit größte Industrieunternehmen, betreibt aber kaum industrielle Fertigung.[25]

2.3 Die Transformation von Arbeit und Beschäftigung

Die am Beispiel von Cisco erläuterte Diffusion von Fabriken und Unternehmen hat nach Castells die gesellschaftliche Auswirkung, dass Arbeiter fürchten, durch Maschinen, bzw. neu entwickelte Technologien ersetzt zu werden. Auch hier greift er zur Erläuterung dieses Phänomens historisch zurück und beschreibt die Folgen der industriellen Revolution in Großbritannien.

Zwischen 1780 und 1988 wurde dort der landwirtschaftliche Arbeitsmarkt um ein Vielfaches – von 50% auf 2,2% – gekürzt, was die Angst der Menschen vor daraus resultierender Arbeitslosigkeit begünstigte.

Jedoch stieg die Produktivität durch den Einsatz neuer Technologien.

Eine Steigerung des Kapitals war die Folge, durch die neue Arbeitsplätze kreiert werden konnten – jene zur Herstellung und Erweiterung eben dieser neuen Technologien.

Dasselbe Schema vollziehe sich, so Castells, heute: Arbeitsplätze in der Industrie werden gekürzt, da mit dem geringsten Arbeitsaufwand soviel wie möglich produziert werden soll. Allerdings werden neue Jobs, vor allem im Service- und im High-Technology-Sektor, kreiert. Es vollzieht sich der Übergang zur Dienstleistungsgesellschaft. Besonders in Ländern wie Japan, USA und England ist diese Entwicklung zu verzeichnen, im Vergleich dazu steht die Europäische Union, die sich dem Problem der Arbeitslosigkeit gegenüber sieht: Obwohl die EU zw. 1970 und 1992 ein Wirtschaftswachstum von 81% zu verzeichnen hatte, betrug die Rate der Beschäftigungssteigerung nur 9% Dies sei, folgert Castells, durch eine falsche Makroökonomie zu erklären, denn die EU sei noch zu stark industriell geprägt, d.h. der größte Teil des Wachstums sei dem öffentlichen Sektor zuzuschreiben – die Interaktion in den Netzwerken sei hier noch nicht in dem Maße voran geschritten.

Auch der restasiatische Raum verlagere sich noch zunehmend auf die industrielle Produktion und sei somit in der voranschreitenden Entwicklung der Netzwerkgesellschaften nur eingeschränkt wettbewerbsfähig[26].

---

[25] Vgl. ebd. S. 191-195.
[26] Vgl. ebd. S.282 f.

Denn ein wichtiges Kriterium der Netzwerkgesellschaft lautet nach Castells, dass nicht mehr "die Ströme der Macht" ausschlaggebend sind, sondern "die Macht der Ströme", folglich das Netzwerk.[27]

Das zeige wiederum exemplarisch die Struktur dieser Ströme – sie ist ungleich – was Castells als „ungleichmäßige Entwicklung"[28] bezeichnet:

Nicht alle Nationen dieser Welt können auf demselben Ausgangspunkt beginnen, entscheidende Richtungsgeber sind die weiter fortgeschrittenen Länder, sie geben nicht nur die Richtung, sondern auch die Geschwindigkeit der "Macht der Ströme" an, somit formiert sich im Netzwerk selbst eine Hierarchie.

Knotenpunkte des Netzwerkes – Nationen, Gruppen, Unternehmen – können aus dem System an- oder auch abgekoppelt werden, entscheidend ist, ob sie kompatibel sind und den Regeln des Netzwerkes entsprechen, d.h. ob sie die jeweiligen Kommunikationscodes beherrschen. Ein Bestehen außerhalb des Netzwerkes ist jedoch nicht mehr möglich. [29]

3 Die Kultur der realen Virtualität

Mit dem Konzept der Kultur realer Virtualität skizziert Castells eine Gesellschaft, die auf der Basis von multimedialen Netzwerken kommuniziert und schildert deren Ausbildung, indem er die menschliche Entwicklung in drei wesentliche Abschnitte einteilt:

Zu Beginn steht der Mensch in seiner oralen Tradition, dessen Kommunikation nichtalphabetisch ist und sich allein der Rede und Sprache bedient.

Um 700 v. Chr. endete diese etwa 3.000 Jahre dauernde Entwicklung mit der Erfindung des Alphabets in Griechenland. Nach dem führenden Altertumswissenschaftlicher Havelock, auf den sich Castells bei seinen Ausführungen bezieht[30], war diese „konzeptionelle Technologie die Grundlage für die westliche Entwicklung der Philosophie und Wissenschaft, wie wir sie heute kennen. Sie baute eine Brücke zwischen mündlicher Rede und Sprache.

Damit trennte sie das Gesprochene vom Sprecher und ermöglichte einen mit Begriffen arbeitenden Diskurs."[31]

Die Herausarbeitung des alphabetischen Verstands, wie es Havelock bezeichnete, führte zu schriftlicher Kommunikation und ließ rationale, wissenschaftliche Diskurse entstehen, gleichzeitig wurde jedoch das audiovisuelle System, das System der Symbole und

---

[27] Vgl. ebd. S. 527.
[28] Ebd. S.2.
[29] Vgl. ebd. S. 527 f.
[30] Vgl. ebd. S. 375.
[31] Ebd.

Wahrnehmung, in den Bereich des Nichtrationalen – bspw. Künste, Gefühle – verdrängt. Mit dem Aufkommen der audiovisuellen Kultur im 20. Jahrhundert, kehrte jenes System in Form von Massenmedien zurück.

Das mulimediale Netzwerk der Gegenwart bezeichnet nun die Herausbildung eines Hypertextes, einer, wie Castells es nennt, „Superdatenautobahn"[32], die Text, Bild und Ton integriert und den Charakter der Kommunikation fundamental verändert[33].

Denn in den multimedialen Netzwerken entscheidet lediglich die An- oder Abwesenheit über die Fähigkeit zu kommunizieren, das Prinzip der Unternehmensnetzwerke lässt sich folglich auf die Kultur der realen Virtualität übertragen: Traditionelle Kommunikatoren können nur bestehen, wenn sie sich in das Netzwerk eingliedern und ihre Kommunikation den entsprechenden Codes anpassen, die wiederum von Gesellschaft und Tradition mit formiert werden.[34]

Der Preis, den es kostet, Teil des Netzwerkes zu sein, „besteht in der Anpassung an seine Logik, an seine Sprache, an seine Eingangspunkte, an seine Kodierung und Dekodierung." 428

Auch können sich Innerhalb der multimedialen Netzwerke fortan nur jene Informationstechnologien behaupten, welche die Interaktion mehrerer Individuen zugleich zulassen und so die Bildung von Schnittstellen ermöglichen, wie es exemplarisch beim Medium Internet der Fall ist.

Dabei greift der Bedeutungszuwachs der Virtualität so weit, dass elektronisch vermittelte Kommunikation gleichbedeutend mit Kommunikation geworden ist.

„Was das neue, auf der digitalisierten, vernetzten Integration multipler Kommunikationsweisen beruhende Kommunikationssystem charakterisiert, ist seine umfassende Einbeziehung jeglicher kultureller Ausdrucksform. Wegen seiner Existenz funktionieren alle Arten von Botschaften in dem neuen Gesellschaftstyp nach einem binären Code: Präsenz/Absenz im Multimedia-Kommunikationssystem. Nur die Präsenz in diesem integrierten System erlaubt die Kommunizierbarkeit und die Sozialisierung der Botschaft. Alle anderen Botschaften werden auf die individuelle Vorstellung oder auf zunehmend marginalisierte, auf persönlichen Kontakten beruhende Subkulturen reduziert.

---

[32] Ebd. S. 376.
[33] Vgl. ebd.
[34] Vgl. S.427.

Aus der Perspektive der Gesellschaft ist die Kommunikation auf elektronischer Grundlage (typografisch, audiovisuell oder computervermittelt) gleichbedeutend mit Kommunikation."[35]

3.1 Die Konstruktion realer Virtualität

Durch den Bedeutungszuwachs der Virtualität wird die netzwerkbasierte Kommunikation real.

Castells geht davon aus, dass Kulturen aus Kommunikationsprozessen bestehen und folgt den Annahmen Barthes' und Baudrillards, allen Formen der Kommunikation läge die Produktion und Konsumption von Zeichen zu Grunde.

Daher gäbe es, so Castells, keine Trennung zwischen der Wirklichkeit und ihrer symbolischen Repräsentation, da die Menschheit in allen Gesellschaften in einer symbolischen Umwelt existiert und durch sie gehandelt habe.

„Das historisch Spezifische an dem neuen Kommunikationssystem, das um die elektronische Integration aller Kommunikationsweisen von der typografischen bis zur multisensorischen herum organisiert ist, ist daher nicht die Einführung einer virtuellen Realität, sondern die Konstruktion realer Virtualität." [36]

3.2 Gesellschaftliche Auswirkungen

Das neue, integrierte Kommunikationssystem hat, laut Castells, tiefgehende Auswirkungen auf gesellschaftliche Formen und Prozesse. Er beschreibt ein Szenario der totalen Säkularisierung, in der traditionelle symbolische Machthaber, die mit Moral, Religion, Ideologie und Autorität argumentieren, wegfallen oder zumindest geschwächt werden, da ihre Utopien alle erlebnisnah im globalen Netzwerk widerlegt und geprüft werden können.

Zudem bringt die Kultur der realen Virtualität eine Transformation von Raum und Zeit mit sich, was die fundamentale Dimension menschlicher Existenz radikal verändert.

Der Raum wird entkörperlicht und durch visuelle Programmierung ersetzt, da der Raum, an dem man sich befindet, keine Relevanz mehr für den Online-Status in einem Netzwerk hat.

Der Faktor Zeit wird global angepasst, so dass alle Netzwerke miteinander interagieren können, wodurch die Zeit zeitlos wird[37].

Diese Gedanken Castells münden in sein Konzept des Raums der Ströme, das eine neue Sozialtheorie zu Raum und Zeit beinhaltet:

---

[35] Ebd.
[36] Ebd. S. 425.
[37] Vgl. ebd. S.428/429.

„Ich vertrete (…) die Auffassung, dass es eine neue räumliche Form gibt, die für die Formen gesellschaftlicher Praxis charakteristisch ist, welche die Netzwerkgesellschaft beherrschen und formen: den Raum der Ströme. Der Raum der Ströme ist die materielle Organisation von Formen gesellschaftlicher Praxis, die eine gemeinsame Zeit haben, soweit sie durch Ströme funktionieren."[38]

4   Schluss

Mit dem Begriff der Netzwerkgesellschaft beschreibt Manuel Castells die Struktur einer Gesellschaft, die sich primär in Netzwerken organisiert, was zu einer Auflösung traditioneller Begriffe wie Nation, Staat oder Kultur führt.

Der "Raum der Ströme" als Metapher eines global agierenden Netzwerkes, in dem der Zugang zu eben diesem und das Beherrschen seiner Kommunikationscodes die einzigen Garanten für wirtschaftliches, kulturelles und soziales Überleben sind, mag in seiner Absolutheit futuristisch anmuten.

Die umfassenden Erkenntnisse aber, die Castells sowohl aus den vergangenen wie auch den gegenwärtigen gesellschaftlichen, wirtschaftlichen und technologischen Veränderungen zieht, indem er ihre gegenseitigen Einflüsse und Abhängigkeiten aufzeigt, scheinen zumindest theoretisch in ihrer logischen Konsequenz zu diesem "Raum der Ströme" zu führen.

---

[38] Ebd., S. 467.

Literaturverzeichnis

Castells, Manuel: Der Aufstieg der Netzwerkgesellschaft, Teil I der Trilogie Das Informationszeitalter, Leske + Budrich, Opladen 2001

Nollmann, Gerd: Maunuel Castells: Kultur, Technologie und Informationsgesellschaft, in: Kultur: Theorien der Gegenwart, hg. von Stefan Moebius, Dirk Quadflieg,Wiesbaden: Verlag für Sozialwissenschaften, 2006

Internetpublikationen:

UOC Library and Fundación Telefónica: Manuel Castells: Curriculum vitae, Online-Publikation, http://www.manuelcastells.info/en/cv_index.htm, Stand 23.03.2009

Perlentaucher Medien GmbH: Rezensionsnotiz zu „Das Informationszeitalter" von Manuel Castells, 20.11.2001, Online-Publikation: http://www.perlentaucher.de/buch/8439.html, Stand 23.03.2009.

Stielke, M. Jan: Manuel Castells: Der Aufstieg der Netzwerkgesellschaft (Zusammenfassung), Online-Publikation http://www.unikassel.de/fb6/srp/06lehrangebot/ws0506/Seminare/Zusammenfassung_Netzwerkgesellschaft.pdf, Stand 21.03.2009